幼儿版

十万个为什么

好玩儿的科学

主编 黄双红

编写 刘 鹤

河北出版传媒集团公司

河北少年儿童出版社

图书在版编目（CIP）数据

好玩儿的科学 / 刘鹤编写. —石家庄 ：河北少年儿童出版社，2011.9
（幼儿版十万个为什么）
ISBN 978-7-5376-4379-5

Ⅰ. ①好… Ⅱ. ①刘… Ⅲ. ①科学知识—儿童读物Ⅳ. ①Z228.1

中国版本图书馆CIP数据核字（2011）第175972号

幼儿版十万个为什么 好玩儿的科学

主　　编：黄双红
编　　写：刘　鹤
责任编辑：闫韶瑜
插图绘制：李秋红
装帧设计：潘宝宝

出　　版：河北出版传媒集团公司
　　　　　河北少年儿童出版社
地　　址：河北省石家庄市中华南大街172号　050051
印　　刷：北京联兴盛业印刷股份有限公司
发　　行：全国新华书店
开　　本：190毫米×240毫米　1/12
印　　张：6
版　　次：2011年9月第1版
印　　次：2015年1月第14次印刷
书　　号：ISBN 978-7-5376-4379-5
定　　价：13.80元

目录

小科学

好帮手

交通工具

军事武器

小科学 大知识

爸爸、妈妈和宝宝快来看看下面哪些做法是正确的。

困在电梯里时大哭大闹

用水去灭着了火的油锅

长时间吹电扇

用手去拉触电的人

烧水时水不灌得太满

停电后动手去开电闸

着了火打119报警

身上着火后就地躺下来回打滚儿

答案：烧水时水不灌得太满、着了火打119报警、身上着火后就地躺下来回打滚儿。

如果宝宝做对了，那恭喜您，您的宝宝是小博士。快把宝宝的照片贴在旁边吧！

为什么风筝能飞上天？

"咦，小风筝，你没有翅膀为什么能飞呢？"鸽子问空中的风筝。

"我能飞上天，全靠风来帮忙。我有特定的身体结构和专业的起飞姿势，当风吹到我身上时，就会产生一股向上推的力量，把我举起来；然后，我身体下方的空气会产生升力，把我送上高空。"风筝得意地回答道。

想不到

相传三国时的诸葛亮发明了一种灯，叫孔明灯。点燃孔明灯中的燃料后，灯内温度升高，空气上升，托举孔明灯升上高空。

为什么肥皂水能吹出泡泡来？

“五颜六色的肥皂泡真好看，它们真的是肥皂水吹出来的吗？”小花猫一边抓空中的肥皂泡，一边问小狗。“是啊。我把肥皂溶解在水中就会变成肥皂水，肥皂水里有一层肥皂膜，我用管子把空气吹进去，肥皂膜就会一点儿一点儿地膨胀起来，形成大小不同的泡泡。”小狗回答说。

想不到

肥皂泡本身是没有颜色的，在阳光下看，肥皂泡呈现出五颜六色是因为太阳光是由红、橙、黄、绿、青、蓝、紫七种单色光组成的，当太阳光照射到肥皂膜上，会产生反射现象，从而形成不同颜色。

为什么霓虹灯能发出五颜六色的光？

当夜幕降临时，城市道路两边的霓虹灯就会发出五颜六色的光，非常好看。原来，在霓虹灯的灯管里装有氦、氩等气体，在通电的情况下，这些气体就会产生红、蓝、绿、黄等颜色的光，看上去就像雨后天空中悬挂的霓和虹一样美丽。

想不到

霓虹灯的光色是由充入惰性气体的光谱特性决定的。光管型霓虹灯充入氖气，霓虹灯发红色光；荧光型霓虹灯充入氩气及汞，霓虹灯发蓝色、黄色等光。

洗手液为什么能把手洗干净？

“来，洗洗手吧！”田田递给小萌一瓶洗手液。小萌说：“我们家也用这个，妈妈说洗手液里含有表面活性剂和多功能添加剂，能清洁护肤；有的洗手液里面有特定的成分，能够起到杀菌、消毒的作用。用它洗手既干净、方便，又卫生，我很喜欢用它。”

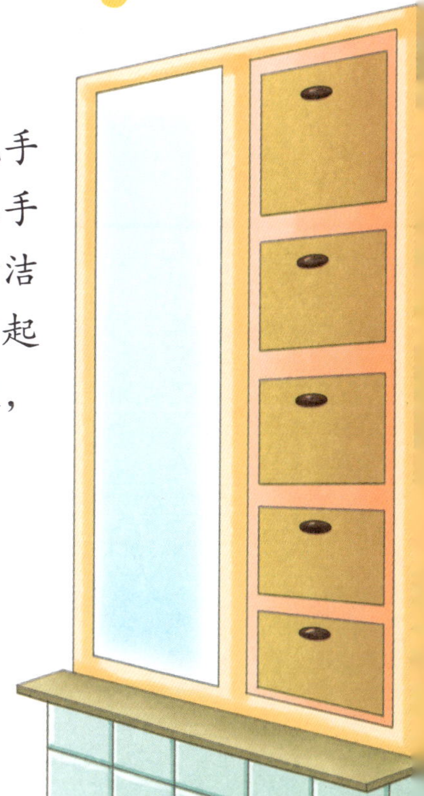

想不到

洗手液是一种浓缩的洗涤用品，用它洗手的时候，只需要挤出一滴，在手上搓洗之后，用流动的水连续冲洗，就能将手上的脏东西随水流带走。

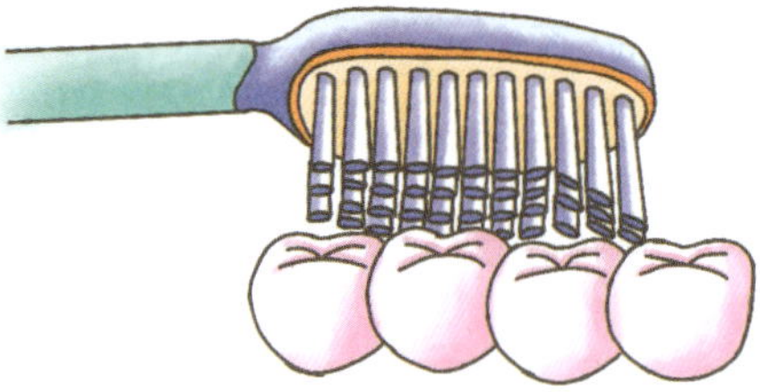

牙刷为什么能刷牙？

“爸爸，牙刷为什么能刷牙呀？”点点拿着牙刷问爸爸。看着天真可爱的点点，爸爸说道：“孩子，牙刷是清洁牙齿的一种工具，刷头上面有一排排的刷毛。牙刷的柄又细又长，便于伸到口腔里，刷头上面柔软、纤细的刷毛会把齿缝里的脏物清扫出来，再涂上适量的牙膏，就能把牙齿清洁得干干净净了。”

想不到

早在两千多年前，我们的祖先就知道用手指和柳枝来清理口腔了。到了元代，人们开始使用柳枝蘸取中草药研制成的揩齿粉末刷牙，而“牙刷”这个词也是在这个时候出现的。

铅笔为什么能写字？

“铅笔又能写字又能画画，用处可真大。”小东一边画画一边说。“其实这都是铅笔中间那根黑色笔芯的功劳。”亮亮说，“铅笔芯是用柔软的石墨和黏土混合而成的。当我们写字、画画时，石墨会和纸面发生摩擦，就会把小颗迹留在纸上，也就形成清晰的痕迹了。”

想不到

古时候的人们把石墨切成小条来写字、画画，但石墨条既会弄脏手，又很容易折断，很不方便。后来，德国化学家法伯把石墨、硫磺和松香混合起来，做成铅笔芯。美国工匠门罗又给铅笔芯套上了木杆外套，制成了世界上第一支木杆铅笔。

纸是用什么做的？

白白的、薄薄的纸是用什么做成的呢？造纸可是一个复杂的过程。在造纸工厂里，人们先把木材、稻草、竹子、芦苇和破布等原材料捣碎，然后把它们混合在一起加热熬成纸浆，再经过漂白、脱水、轧平、烘干等过程之后，纸浆就会变成我们日常生活中用到的各种纸张了。

想不到

造纸术、指南针、火药和印刷术是中国古代的四大发明，为全人类文明的发展进步做出了巨大贡献。

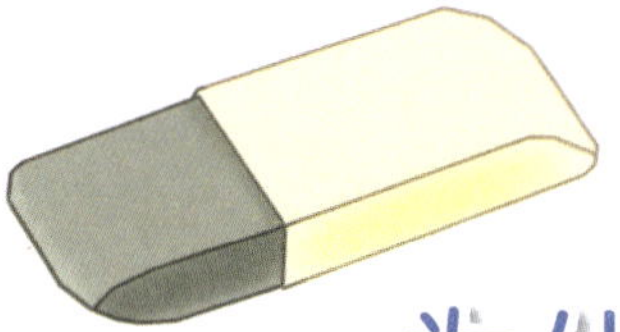

为什么橡皮可以擦掉铅笔字？

“哎呀，我写错字了！”小辛拍了拍脑袋说。明明递给她一块橡皮，说：“别担心，用橡皮一擦就好了。橡皮是用橡胶加工而成的，有很好的吸附性，而铅笔芯主要是用石墨、黏土做成的。当我们用橡皮去擦铅笔字的时候，石墨粉末被裹在橡皮屑上面。随着橡皮屑的脱落，我们写错的字就消失不见了。”

想不到

铅笔芯中石墨和黏土的比例不一样，铅笔芯的软硬度就不相同。标有H的是硬性铅笔，标B的是软性铅笔，标着HB的是软硬适中的铅笔。

苹果削皮后为什么会变色？

“哎呀，妈妈，糟了，我刚削好的苹果怎么变色了呢？”飞飞焦急地说。妈妈看了看，说：“当我们削掉苹果皮之后，果肉就暴露在空气中。苹果果肉里有一种酶类物质，和空气中的氧气一接触，就会发生化学反应，苹果果肉的颜色就慢慢地变深了。虽然变色了，但苹果并没有变坏，还可以吃的。”

想不到

除了苹果，梨、丝瓜、土豆、茄子等削皮后，放置久了也会变色。水果削皮后最好立即吃掉。如果想存放一会儿，可以把它浸泡在温的淡盐水中。

为什么穿棉服会觉得暖和？

“下雪了，小琳，你出去玩儿要注意保暖啊！”奶奶关切地说。“奶奶，我不冷。妈妈给我穿上了新棉衣，棉衣里面有很多棉花纤维，纤维的空隙里充满了空气。空气的导热性很差，能把我身体散发出来的热量阻挡住，不往外散发。这样，我就会觉得身上总是暖烘烘的了。”小琳用手指着自己的新棉衣，得意地对奶奶说。

想不到

棉花纤维既能保暖也能保存冷气，夏天如果在冰棍箱上面盖上一层棉被，里面的冰棍就不容易融化了。

为什么灭火器能灭火？

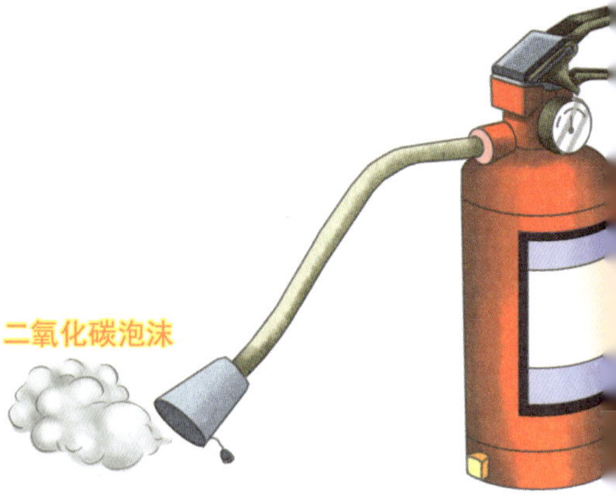

“着火啦！着火啦！”餐馆的厨房着火了，服务员都急得团团转。“快让开！”餐厅的消防安全员迅速赶到，举起灭火器对着火焰根部连续喷了几下，很快将火熄灭了。灭火器里有硫酸铝和碳酸氢钠两种特殊的液体，只要让它们混合在一起，就会产生大量的二氧化碳泡沫，这些泡沫可都是火的克星，因为它能将火与空气隔绝，火就会熄灭了。

想不到

消防车也叫做“救火车”，是专门用来灭火的车辆。大多数消防车都是鲜红色的，在车顶上还安装着警号和闪灯，很容易辨认出来。

水为什么能灭火？

“真奇怪啊，火一遇到水，很快就熄灭了。”果果和程程在聊天。“我知道怎么回事，那是因为火需要空气中的氧气才能燃烧，当水浇在火上时，水就会变成水蒸气。大量的水和水蒸气会把燃烧物团团包围起来，断绝它们与氧气的接触。没有了氧气，火就会慢慢熄灭掉。”

想不到

虽然水能灭火，但是如果锅里的油着火了，可千万不能用水去灭。必须迅速盖上锅盖，然后关掉气源，才能安全地将火熄灭。

电是从哪儿来的？

“我们都有自己的家，电也有自己的家吗？”子轩问燕子。“听我爸爸说，电的家在发电厂，那里有很多发电机，发电机可以利用风的能量、水的能量、煤炭燃烧产生的热量，还有核能来发电。发出的电再通过长长的输电线向外传输，就会来到千家万户了。”燕子说。

想不到

太阳能也可以发电。太阳能电站把太阳光汇聚到一起，利用太阳能把水烧至沸腾变为水蒸气，然后用水蒸气来发电。

电灯为什么会发光？

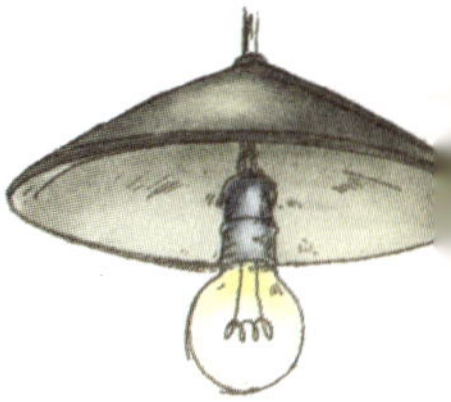

电灯为什么会发光？灯泡中能发光的主要装置是灯丝，灯丝是用细钨丝绕成的，当电流从电线传到灯丝上时，由于钨丝的阻力相当大，就产生了高温，随着温度继续升高，钨丝就会发出光来，灯泡就亮起来了。大约在一百多年以前，发明家爱迪生用竹丝做灯芯，发明了世界上第一只电灯泡。

想不到

爱迪生发现用钨丝代替竹丝作灯芯可以使灯泡更亮、更耐用。这种灯泡一直沿用到今天。

为什么楼能盖那么高？

“楼建得这么高，它不会倒下来吗？”军军抬头看看正在修建的高楼。爷爷摇摇头说：“当然不会了。在建高楼之前，工人叔叔要建造很多根深入地下的钢筋混凝土桩，它们就是地基。地基建好了，高楼的重量就可以传递到桩基上去，高楼就会很稳固了。”

想不到

建造高楼大厦，地基非常重要，必须要稳定和坚固才行，这样才能够抵抗地震、飓风等自然灾害的袭击。

为什么可以从自动取款机上取钱？

爸爸带着咪咪去自动取款机上取钱。咪咪说："爸爸，我以后也可以来这里取钱吗？"爸爸笑着说："爸爸能取钱是因为先在银行里存了钱，银行的电脑上有爸爸的存款记录。自动取款机和银行的电脑是联网的，爸爸把卡插进去，输入密码，电脑就会核实资料，然后把钱吐出来。咪咪没有账户，没有存钱，是不能取到钱的。"

想不到

世界上第一台自动取款机出现在1967年的英国。自动取款机有取钱、转账、查询余额等功能，现在还有存取款功能兼具的存取款一体机。

刷卡付钱是怎么回事？

小松和妈妈去商店买东西，结账时，妈妈拿出一张卡递给了收银员。“妈妈，用卡也可以付钱吗？”小松问。“是啊，我们买东西的时候，如果没有带现金，也可以用各种银行卡刷卡付钱，花掉的钱会自动从银行卡里扣除。这样付钱既方便又安全，不用带大量的现金出门了。”妈妈回答道。

想不到

银行卡包括借记卡、信用卡等。因为这些五花八门的银行卡都是用塑料制成的，所以很多人都喜欢称它们为“塑料货币”。

认认生活好帮手

爸爸、妈妈快来看看宝宝能认出哪些电器和电子产品。

1

2

3

4

5

6

7

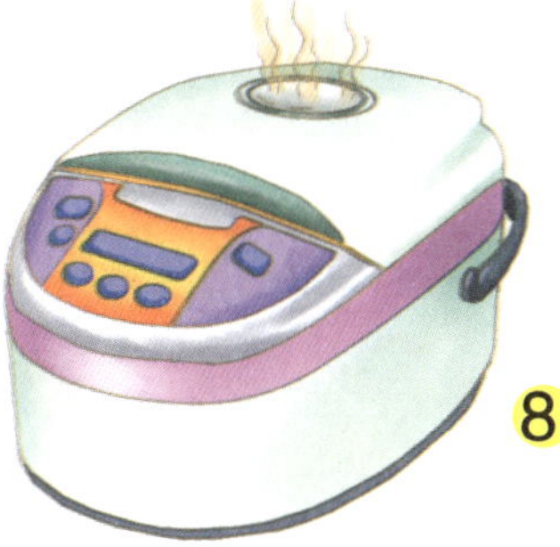
8

9

答案：1.电冰箱 2.洗衣机 3.吸尘器 4.微波炉 5.智能手机 6.可视电话 7.笔记本电脑 8.电饭煲 9.平板电脑。

如果宝宝能认出7种以上，那恭喜您，您的宝宝是小博士。快把宝宝的照片贴在旁边吧！

电脑有什么用途？

“电脑有什么用途啊？”西米问正在玩电脑的东东。“电脑的用途可多了。首先，它可以存储很多东西，如电影、电视剧、歌曲、游戏、小说、资料等，只要把这些东西放在它的硬盘里，它就可以完整地储存起来。当我们需要这些东西的时候，也可以在电脑里找到。其次，电脑连接上网络后，能在网上查找到我们需要的学习资料，还能发送电子邮件、聊天……”说到电脑，东东显得特别在行。

想不到

电脑是根据编制好的程序来工作的。当受到一些病毒程序干扰时，电脑就不能正常工作，也就是“生病”了。这时，需要用杀毒软件来给电脑治“病”，赶走病毒。

平板电脑是一种什么电脑？

“爸爸，叔叔和阿姨手里拿着的那个是什么东西啊？”米米问。爸爸用手点了点米米的鼻子，笑着说：“这是平板电脑，它的机身简单轻便，用处很多。”“这么小，能干什么啊？”米米又问。“可别小看它，它可具备了普通电脑的大部分功能，满足人们休闲娱乐、处理简单工作的需求。”

想不到

平板电脑用起来非常方便。有的平板电脑在充满电的情况下，可以工作运行长达10小时。

什么是电子邮件？

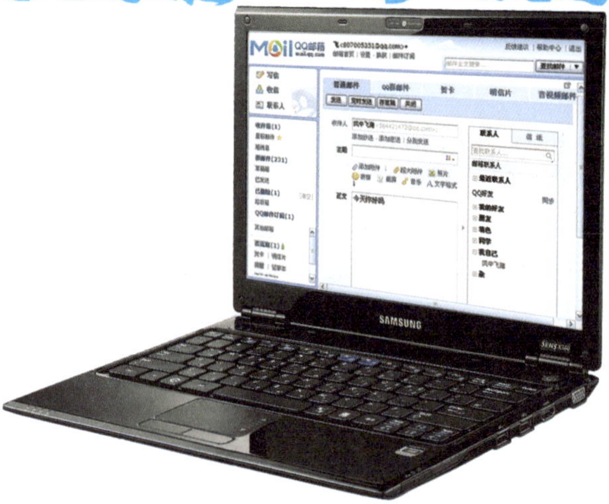

“哇，有人给我发 e–mail 了！”小鹏大叫起来。“什么是 e–mail 啊？”楚楚好奇地问。“e–mail 是电子邮件的英文名，是指通过互联网传送的信件。它不光可以进行文字交流，还能传送图像、声音和视频呢。只需要用鼠标轻轻一点，就会迅速地通过网络把电子邮件传递到对方的电子邮箱里去，特别方便。”

想不到

电子邮件有一种“抄送”的功能，我们可以利用这项功能，把同一份资料或者信件同时发送给很多人，大大节约了我们的时间。

未来，机器人可以像人一样行动吗？

虽然机器人是用钢铁制造而成的，但是，它也可以像人类一样说话、走路和干活儿。科学家给机器人的大脑——电脑中输入编好的各种程序，它就能够按照程序的指令行动。如果想让机器人开口说话，需要编好说话的程序，再给它安装一个扬声器，机器人发出的声音就会从扬声器里传出来。

想不到

机器人在身体结构设计上符合运动原理，设计人员再为它录入特殊的程序功能，一些机器人就能像人一样送茶、倒水、关掉电灯等，甚至能在主人外出时，通过早已设定好的程序和指令来做主人事先没有关照的事情。

机器人能代替人吗？

“机器人将来能代替人。”“它永远代替不了！”球球和莎莎争论起来。荣荣听见了，说：“机器人是代替不了人的。我爸爸说过，机器人所运用的各种程序都是人制造出来的，它们的智商永远无法超越人类。即使一些智能机器人的某些方面比人类的本领大，但仍然是受人控制的。”

想不到

机器人会看图识字，会分辨颜色，会发出声音，甚至会给自己编程序，但它们不像人类那样有复杂的心理情绪。

动画片是怎么制作出来的？

动画片看起来好看，但制作起来可特别费事！动画片中的每一个动态镜头都需要画大量的图，比如，画面中出现小白兔奔跑1秒钟的一个动作，就需要画不少于8张分解而连续的图。然后，把这些图按顺序排列整齐，拍摄成胶片，再用电影播放机播放出来，我们就能看到会动的图画了。

想不到

人类具有“视觉暂留”的特性，就是说当人的眼睛看到一幅画或一个物体后，在1/24秒内不会消失。动画片就是利用这一原理来制作的。

为什么电话里可以听到声音？

幼儿园举行百科知识抢答比赛。有一道题目是：为什么打电话时听筒里可以听到声音？贝贝回答得特别快：“当我们打电话时，话筒里的传声器能把说话人的声音变成电信号。电信号沿着电话线传到接听电话的一端，听筒中的扬声器又把电信号还原成原来的声音。这时，电话线那端的人就能听到声音了。”

想不到

由于电话是利用电信号来传递声音的，所以电话里的声音听起来和我们平时说话的声音不太一样。

可视电话为什么能看见人？

“爸爸，我看见你了，你能看见我和妈妈吗？”小熊和妈妈一起用可视电话给爸爸打电话。“看见啦！”爸爸欣喜万分。有可视电话还真方便，这种神奇的电话能把通话双方的图像和声音信号双向传输，这样，打电话既能听见声音，又能看见人像，仿佛面对面说话一样。

想不到

互联网上的视频聊天和可视电话的原理差不多，但有时候网络的速度慢，视频聊天就会出现图像不连贯，声音和图像不一致的情况。

为什么手机可以打电话？

手机也叫作移动电话，它是不需要电话线的，因为我们在地面上建了很多大型的无线电收发信号台，专门用来接收、发射手机信号。而手机上也安装了接收信号和用户信息的程序，这样一来，只要在有手机信号的地方，我们就可以随意拨打和接听电话了。

想不到

用手机打电话很方便，但在飞机上却不允许使用，因为手机发出的无线电波会干扰飞机的导航设备，可能造成飞行事故。

智能手机与以前的手机有什么不一样？

“什么样的手机才是智能手机啊？”观察力很强的晨晨好奇地问爸爸。爸爸摸着晨晨的小脑袋，笑着说：“智能手机是一种近几年才流行起来的移动电话。除了有一般手机的功能外，还可以根据需要，安装自己喜欢的软件，例如游戏软件、绘图软件等。安装各种软件后，智能手机就变得像一台个人电脑一样，功能非常强大。这类手机的出现标志着我们的通讯进入了智能时代。”

想不到

一些智能手机的像素非常高，照出来的照片很清楚。为了第一时间报道新闻，有的记者在采访时，用智能手机代替了摄影机和电脑，在现场用智能手机拍下新闻照片、编写文字迅速传回新闻中心，很大地提高了新闻的时效性。

立体电影是怎么回事？

小宇和涵涵在电影院里看立体电影。“狮子来了！”小宇吓得浑身发抖。“别怕，别怕，这些都是假的。立体电影是模仿人眼睛的视角差别从而产生立体感的原理，用两台摄影机同时拍摄，放映的时候也用两台放映机同时放映到一面银幕上。当我们戴上特制的眼镜之后，就可以看到立体的图像了。”

想不到

人类用左右眼同时看同一个事物，由于两眼的角度不同，在视网膜上形成的图像并不是一模一样的。当大脑综合了两眼不同的图像之后，就会产生立体的视觉。

为什么冰箱的门不能一直开着？

“天气这么热，我们把冰箱门打开吧。”辰辰建议道。妈妈连忙拦住，说：“辰辰，如果冰箱门一直开着，会缩短冰箱的使用寿命，而且还很费电。冰箱门一打开，里面的冷空气会跑出去，外面的热空气就会跑进来，冰箱内的温度会迅速升高，为了保持原来的低温，冰箱就要加大工作量，消耗更多的电，也会使周围的温度变得更高呢。”

想不到

当人们打开冰箱时，室内的湿热空气就会悄悄地进入冰箱里，遇冷凝结后会形成白霜；放在保鲜盒里的蔬菜、水果等食品中的水分蒸发，遇冷凝结后也会形成白霜。

电梯为什么能自己上下？

“妈妈，电梯为什么能上上下下？”豆豆问。妈妈说：“电梯是一部以电动机为动力的垂直升降机，能够在电动机的带动和电脑板的控制下，按照我们发出的指令上升或下降，有了它，住得再高也不怕！”

想不到

世界上速度最快、运行距离最长的电梯，是迪拜的哈利法塔电梯，它的升降速度最高可以达到每秒 17 米。

可视门铃

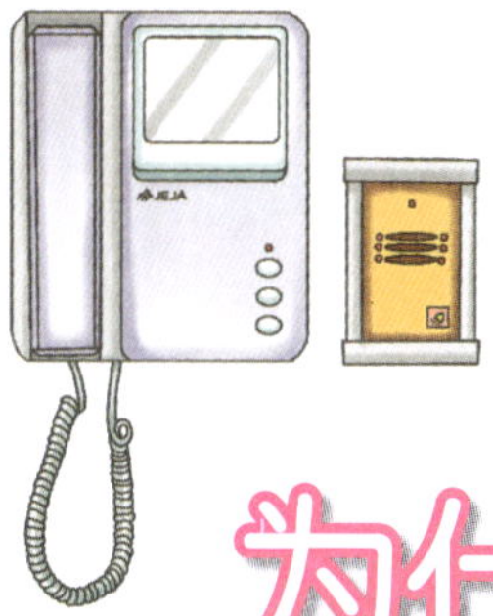

为什么门铃可以发出优美动听的音乐？

菁菁去玲玲家做客，一按门铃，门铃发出一阵悦耳的音乐声。进门后，菁菁情不自禁地叫道：“你家门铃发出的音乐真好听。”玲玲说：“我们家的门铃里面装了一块芯片，这段动听的音乐就储存在芯片里。你一按门铃，就接通了芯片上的电路，这段优美动听的乐曲就会从喇叭里放出来。”

想不到

如今，很多住宅都采用了可视门铃，人们可以通过话筒和楼下的客人对话，并通过分机屏幕上显示的监控图像观看客人的影像，确认客人的身份，非常安全可靠。

为什么微波炉能把食物“烧”熟？

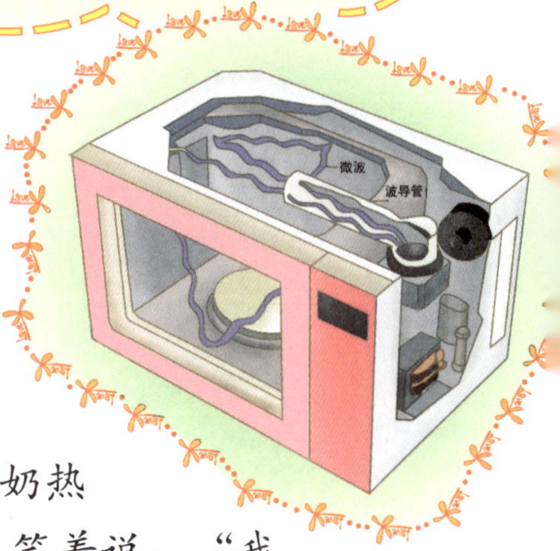

“咦，你这么快就把面包和牛奶热好了？”田田好奇地问路路。路路笑着说：“我用微波炉加热的，它里面有一根管子，只要通上电，就会产生微波。微波能穿透到食物的里面，使食物表面和内部的水分子不停地运动，产生很多热量，所以就可以快速加热食物，或者‘烧’熟食物了。”

想不到

带有金属配件的容器不可以放进微波炉里，我们必须使用耐热玻璃、耐热陶瓷等微波炉专用的器皿。

为什么电饭煲能自动煮饭？

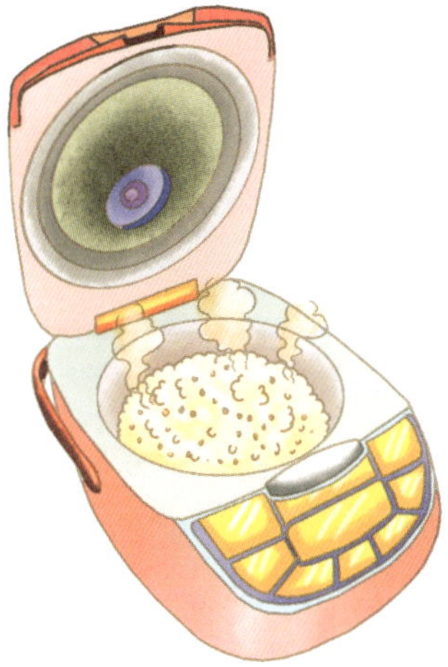

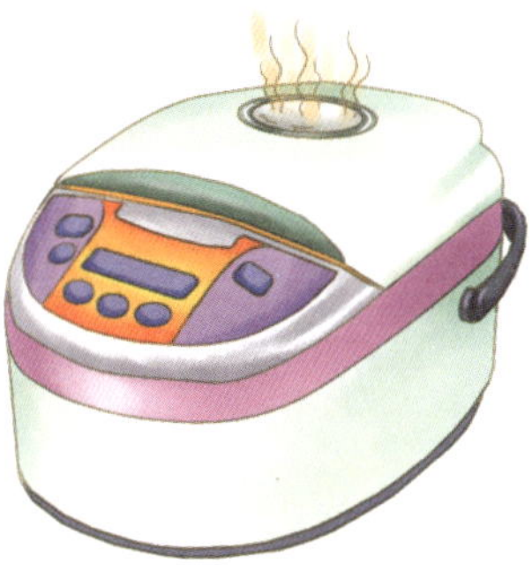

“妈妈，你怎么不做饭啊？”点点肚子饿了，向妈妈问道。妈妈说：“瞧，电饭煲正在自动煮饭。电饭煲的电热板下面藏着电热线，是由自动开关控制的，只要我按下按钮，电饭煲的锅底温度就会升高，最后保持在一个恒定温度；同时，电饭煲内的计时电路开始计时，等到米饭煮熟之后再自动保温，根本不需要我动手。”

想不到

电饭煲不仅能煮饭，还能蒸蛋羹、炖汤、焖鸡等，功能非常齐全。它使用起来清洁卫生，没有污染，省时省力，是主妇的好帮手。

为什么洗衣机能洗干净衣服？

洗衣机明明没有手，却能像妈妈一样把衣服洗干净，真神奇。其实，洗衣机工作的时候，电动机带动洗衣机里面的涡轮转动，使水形成一股不停旋转的涡流。衣服在涡流里面不停地旋转、翻滚和摩擦，在洗衣粉的帮助下，衣服上附着的脏东西被冲刷下来，衣服就洗干净了。

想不到

德国人发明了一种神奇的不用洗涤剂的洗衣机。只要把衣服浸入温水中，然后放进一个网球大小的洗衣球，洗衣球就会使污垢从纤维上脱落。

为什么照相机能照出相来？

“来，笑一个！”爸爸给小白照了一张相。“照相机为什么能照相呢？”小白问。“照相机的镜头就像一只敏锐的电子眼睛，用电子传感器把看到的图像直接转换成电子画面。而传统相机是把图像储存到胶卷上，再用特殊的药水冲印，就会洗出照片了。”

想不到

数码相机是一种利用电子传感器把光学影像转换成电子数据的照相机。用它拍照可以立即看到拍摄的效果，对不满意的图片可以删除，重新拍摄。

为什么吸尘器能吸尘？

“当当请让开，我要吸灰尘了。”妈妈推着吸尘器走过来。“妈妈，吸尘器为什么能吸灰尘呢？”当当放下了手中的玩具，向妈妈问道。“吸尘器里装有一台很小的电动机和风叶轮，一通上电，电动机就带动风叶轮很快地转动，把吸尘器里的空气抽走。当外面的空气补充进吸尘器的时候，就把地上的灰尘一起带进来了。”

想不到

吸尘器还能用来寻找丢失的纽扣、针、药片等小物品。只要给吸尘器的吸管口包上一层纱布，然后用吸管口在落物处周围吸一吸，丢失的小物品就可能被吸附到纱布上。

认认交通标识

爸爸、妈妈快来看看宝宝能认出哪些交通标识来。

加油站

直行

禁止机动车通行

机动车车道

禁止通行

步行

禁止停车

隧道

停车场

地铁站

人行横道

高速公路

禁止驶入

慢行

减速让行

注意信号灯

如果宝宝能说对8种以上，那恭喜您，您的宝宝是小博士。快把宝宝的照片贴在旁边吧！

火车为什么是一节一节连在一起的？

“爸爸，火车车厢为什么要分成一节一节的呢？”桃子问道。

“那是因为火车很长，而铁轨经常会有弯道，如果火车不分节，就会在转弯的时候倾倒，根本不能运行；一节一节的车厢灵活地连在一起，就能顺利转弯了。而且，车厢分节，还能根据客流情况灵活增减车厢，将资源合理利用。”爸爸说。

火车使用的自动挂钩

想不到

火车使用的自动挂钩是用铁铸造的，安装在每节车厢的两端。挂车时，两车挂钩对准后慢慢撞击就可以挂上；摘钩时，提动手柄撞击挂钩下方的装置就能够分离。

为什么火车要在铁轨上行驶？

火车和铁轨就像脚和鞋一样，总是在一起的。因为火车车厢和车轮是用钢铁制成的，所以一列火车的重量很大。如果让火车直接在地面上行驶，不但会压坏行驶的路面，火车轮还会陷进地里，根本无法向前滚动。而在既光滑又坚硬的铁轨上，火车轮子滚动起来非常轻松，速度也很快。

想不到

人们架设铁轨时，会在铁轨下面铺上又粗又大的枕木，枕木下面再垫上小石子，火车在行驶时产生的压力就会均匀地分散开来，这样，就不用担心火车压坏路面了。

长长的火车在铁路上是怎么掉头的？

“火车掉头的时候，也像我们一样转过身子吗？”兜兜问妈妈。妈妈想了想，说：“火车是不能离开铁轨的，它需要掉头的时候，就只能解开火车头和车厢上的挂钩，然后在最后一节车厢的那端再挂上一个火车头。就这样，前方变后方，后方变前方，新火车头就可以带着车厢向反方向开了。”

想不到

火车从一条轨道转换到另一条轨道上行驶，必须借助活动的道岔来实现。通过改变道岔，设在轨道内侧的护轮轨将车轮平稳地“引导”到另一组轨道上。

什么是高速铁路？

想不到

中国第一条时速超过300千米的高速铁路——京津城际铁路，2008年通车。2009年中国又建成了世界上里程最长、运营速度最快的高速铁路——武广客运专线。

高速铁路是指改造原有铁路，或修建高速新线，使火车运行速度达到不低于每小时250千米的铁路系统。以从北京到上海为例，如果乘坐高速铁路的直达列车需要五六个小时，乘坐普通铁路列车就需要十个小时。高速铁路还有安全性好、受气候变化影响小、舒适方便等优点。世界上首条高速铁路是日本的新干线。

车轮为什么是圆的？

“汽车轮子为什么都是圆形的呢？”正正望着路上的汽车说。爸爸指着车轮，说：“因为圆形的东西摩擦力小，容易滚动。圆周上的任何一点到圆心的距离都是相等的，人们把车轮做成圆形的，当它滚动时，圆心上的车轴离开地面的距离永远都一样，人们才能稳稳当当地坐在汽车里面。”

想不到

大约在四千年前，人们就开始用木头造车了，那时候的车轮就是圆形的。虽然木头车十分简陋，但车轮却很稳当。

刹车时，人为什么会向前冲？

“哎哟，撞到我的脑袋了。”明明揉着脑袋叫道。爸爸紧张地说：“小心呀，汽车向前开动的时候，人也随着汽车向前运动。汽车急刹车时，人还保持着向前运动的状态，并没有停下来，这就是惯性。所以，我们乘车或驾驶时一定要系好安全带来保护自己。”

想不到

所有的物体都有惯性，这是因为物体要保持原来的运动状态或者静止状态。比如攥住绳线一头旋转悠悠球，松手后悠悠球会向外飞出，就是惯性的作用。

汽车轮胎上为什么有花纹？

“汽车轮胎上怎么有花纹呢？是为了好看吗？”丫丫打量着车轮说。帅帅说：“车轮上的花纹不是为了好看，是为了防滑。汽车行驶的速度很快，为了防止车轮在光滑的地面或坡道上打滑，人们就给轮胎做上了花纹，这样就提高了驾驶的安全性。”

想不到

如果汽车要在冰雪覆盖的地面上行驶，光靠车轮上的花纹是不够的，这时，就需要给车轮缠绕上防滑链，用来增强摩擦力。

为什么碰碰车碰来碰去不会翻车呢？

“我最害怕玩碰碰车了，要是翻车怎么办呢？”皮皮担心地说。萱萱说：“放心吧，碰碰车的速度很慢，而且它的底部又宽又大，重心很低很稳。在车的最外面还包裹着一个橡皮圈，可以有效地减少相撞时产生的冲击力，所以碰碰车一般情况下是不会翻车的。”

想不到

碰碰车的玩法是：驾驶者争取以最快的时间在场内完成绕圈，途中可以横冲直撞，把对手的车碰开。

谁在控制街上的红绿灯？

“红灯停，绿灯行。”阳阳和璐璐一起过马路。“我知道是谁在控制红绿灯的变化。”阳阳说，“十字路口的红绿灯都有一个用电脑控制的总开关，它能够根据各个路口的车辆情况来管理红绿灯的变化。有了它的安排和调控，车辆和行人就可以有秩序地通行，还能有效地降低交通堵塞，降低交通事故发生率呢。”

想不到

红绿灯也叫做交通信号灯，除了红灯和绿灯之外，中间还有一个黄灯呢。当黄灯持续闪烁的时候，表示对车辆和行人发出警告，提示大家通行时注意观望，确认安全后再通过。

为什么飞机能飞上天？

飞机能够飞上高空，机翼和发动机可帮了不少忙。飞机的机翼上面是弧形的，下面是平直的，这样，飞机在跑道上向前快速滑行时，就会产生一个向上的升力，让飞机平稳地飞上天。此外，飞机里的发动机给螺旋桨提供动力，螺旋桨转动带动气流，飞机也就能长时间在天上飞了。

想不到

机翼除了能产生升力外，还起到一定的稳定和操纵作用。机翼上还可安装发动机、起落架和油箱等。

为什么飞机怕小鸟？

“啊，你竟然怕小鸟？”大雁看见飞机在空中躲避小鸟，奇怪地问。“我不是怕小鸟，而是担心发生空中交通事故。我在空中飞行的速度特别快，任何一个小物体撞上我，都会产生巨大的冲击力，有可能会造成机毁人亡的悲剧。对我来说，小鸟就像炮弹一样可怕呢！”飞机回答道。

想不到

全世界每年大约会发生一万次小鸟撞飞机事件，目前，国际航空联合会已把鸟害升级为“A”类航空灾难。

飞机起飞时为什么先要滑行？

飞机在起飞的时候，都会先在地面上滑行一段距离，然后再飞上天空，这是为了产生比地球引力更大的升力。飞机升力的大小同流过飞机机翼表面的气流速度大小有关，在地面上滑行时，飞机机翼上下的空气不断流动，并由慢到快渐渐产生升力。等到升力比地心引力大的时候，飞机就能够离开地面，飞到空中去了。

想不到

飞机在刚刚降落到地面上的时候也会滑行，不过，这种滑行主要是依靠飞机的惯性在地面上滑动，好让飞机平稳地停在地面上。

飞机上的黑匣子有什么用？

“飞机上的黑匣子是装东西用的吗？”斑斑跑来问爸爸。“孩子，黑匣子是一种用来分析飞机事故的记录器，它能将机组人员的通话和驾驶舱里的声音录在磁带上，还能自动记录飞机上的各种技术数据。万一出现了空难事故，黑匣子就是最有用的证据。”

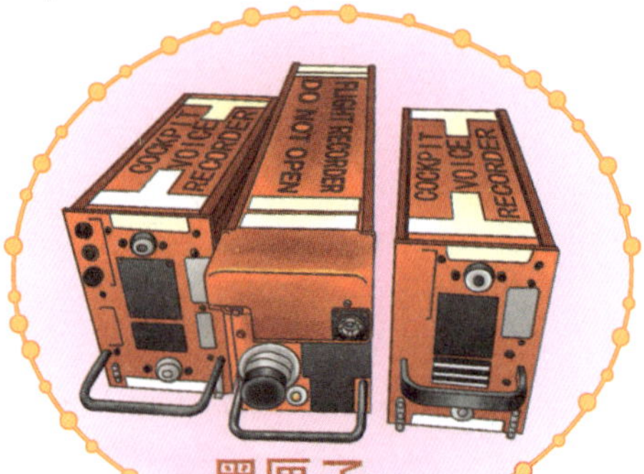

黑匣子

想不到

在航天飞船上也同样装有一个“黑匣子”，它们都被涂上了一层鲜亮的橘红色，这种明亮的颜色可以帮助搜救人员更快速地寻找到它。

为什么船在水里不会沉下去？

“你看，我扔进水里的小石头很快就沉下去了，可是大轮船为什么不会沉呢？”思思问萌萌。“那是因为小石头的重量比它在水中受到的浮力大，所以就沉下去了。大轮船的体积虽然大，但中间却是空的，受到的浮力大于它自身的重量，浮力可以把它托起来，所以能浮在水面上。”

想不到

古代人把树木中心挖空，做成独木舟，这就是最早的船。这种最早的“船”由于体积较大，重量较轻，因此可以漂浮在水面上。

轮船是怎么“刹车”的？

当行驶的轮船要停下来的时候，它都会逆水行驶，然后慢慢地靠近岸边，这是为什么呢？原来，当轮船的发动机停止工作时，船会受到惯性的影响，继续向前方运动一段距离。而选择逆水靠岸的方式，可以利用水流对船身的阻力，帮助轮船快速“刹车”，尽快停靠在岸边。

想不到

在海洋上行驶的轮船靠岸之后，都会抛下锚。锚能够落在海底，把轮船固定起来，不让海水冲走。

军事武器大集合

爸爸、妈妈快来看看宝宝能认出哪些武器来。

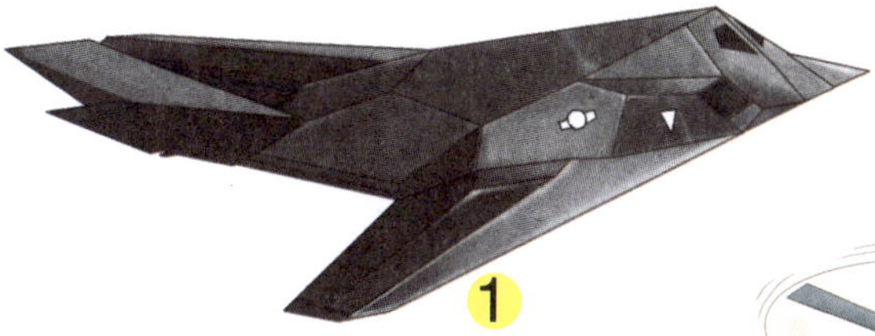
1

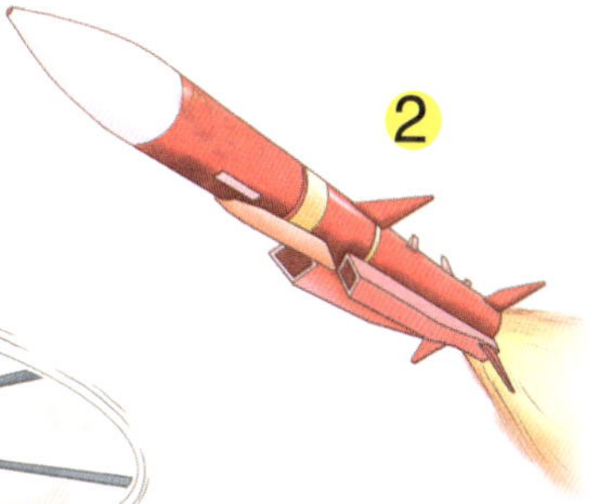
2

4

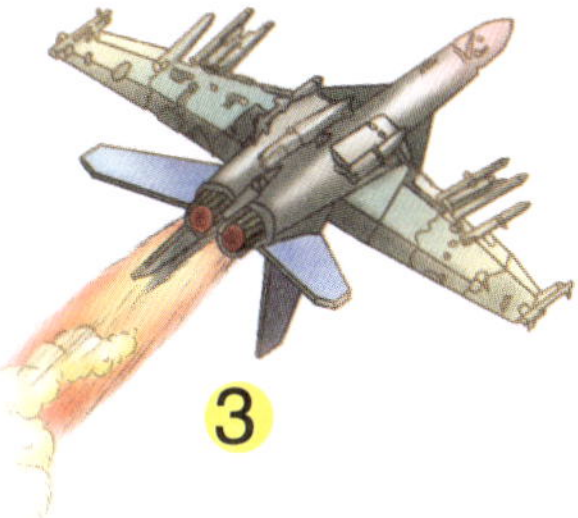
3

5

6

7

8

答案：1.隐形飞机 2.导弹 3.战斗机 4.战斗直升机 5.潜艇 6.坦克 7.航空母舰 8.手枪。

如果宝宝能说对6种以上，那恭喜您，您的宝宝是小博士。快把宝宝的照片贴在旁边吧！

直升机为什么能停在半空中？

直升机的头顶上有一个可以旋转的螺旋桨，飞行的时候，它的螺旋桨会不停地旋转，使空气产生一股巨大的升力，当这股升力大于直升机自身的重量时，直升机就能升高。当这股升力和直升机的重量一样时，直升机就能够稳稳当当地停在半空中了。

想不到

在直升机的后部有一条长长的尾巴，和蜻蜓的尾巴很相像，上面安装了一个小螺旋桨，可以起到稳定机身的作用。

火箭为什么能飞上天？

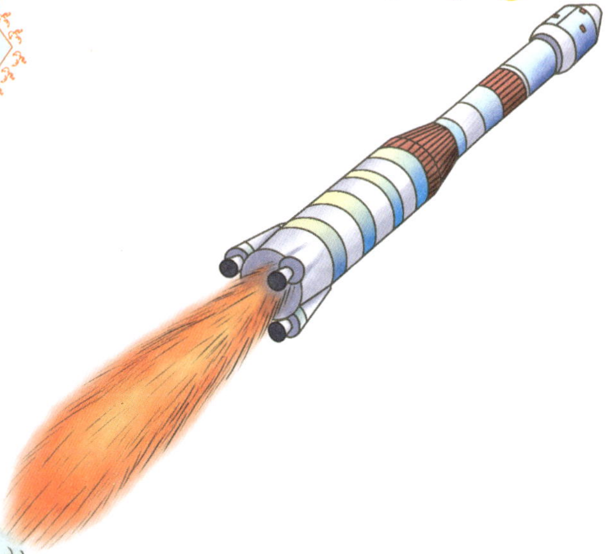

想不到

我国宋代的军事家给箭杆上绑上一个装满火药的火药筒，将火药筒点燃，火药就会向后喷火，然后推动锋利的箭向远方飞去，这就是世界上最早的火箭。

“火箭为什么能飞上天呢？”小花问爸爸。爸爸告诉她：“火箭内部携带了燃烧剂和氧化剂，当这些燃料被点燃之后，就会产生一股非常强大的反冲力，使火箭脱离地心引力而升空。”

火箭起飞时为什么会喷出火光？

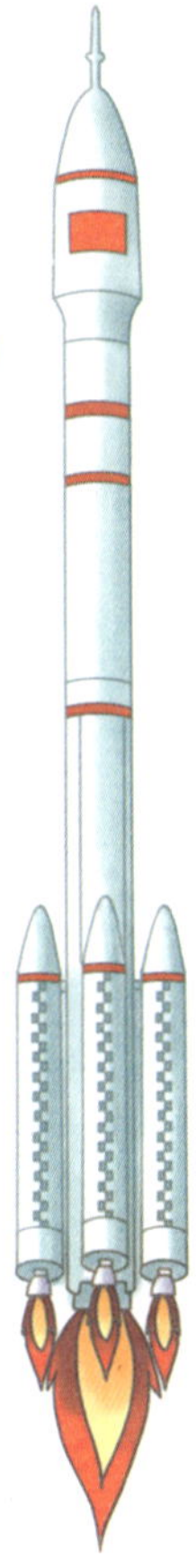

当火箭起飞的时候，储存在火箭内部的燃料会剧烈燃烧起来，这些燃料燃烧产生的温度非常高。火箭依靠下方的喷口喷出气流推着它升上天空。我们看到的火光就是燃料燃烧造成的。

想不到

飞机起飞和火箭起飞都需要燃烧燃料，只是飞机的燃料燃烧是在飞机的内部发生的，人们眼睛看不到而已。

子弹为什么会打伤人？

小朋友可能会认为子弹和小石头差不多，怎么会打伤人甚至会夺去人的性命呢？子弹一般是用铜和铅制成的，它被发射之后，一边高速向前飞，一边飞速旋转，能够产生很大的冲击力，如果打在了人身上，就会一下子钻进肉里去。如果打中了人的头部或者心脏等要害部位，就会把人打死。

想不到

子弹的种类很多，用途也各不相同，为了在战斗中能迅速辨别出来，制造者在弹头上涂上各种颜色，子弹就有了绿、红、黑、白等不同的颜色。

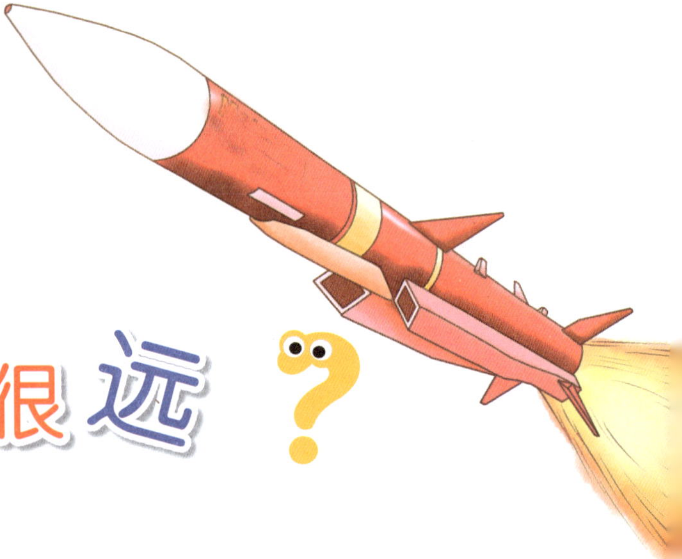

导弹为什么能射得很远？

导弹能飞得又高又远，是因为它尾部设置了推进系统。推进系统包括发动机和推进剂供应系统两大部分。推进剂燃烧之后向后喷射，产生向前的推力，再加上发动机的推动，导弹就能高速飞行了。导弹内部装有足够的推进剂，所以导弹可以射到很远的地方。

想不到

美国生产的响尾蛇导弹是一种非常智能的武器，它可以追踪敌机发动机散发热量和喷出废气时所发出的红外线，准确地击中敌机。

为什么航空母舰被称为“海上霸王”？

“航空母舰那么大，真不愧为‘海上霸王’。”小斑对航空母舰赞不绝口。爸爸对小斑说：“航空母舰不光体积巨大，它的整体实力也很强。航空母舰上面可以停放战斗机和各类小型船只，就像一个会活动的军事基地一样，可以对海面、陆地、天空等各处的目标进行攻击。”

想不到

航空母舰就像一个移动的军事基地，非常重要，所以出战时要受到其他属舰的保护，结成一个舰船群。

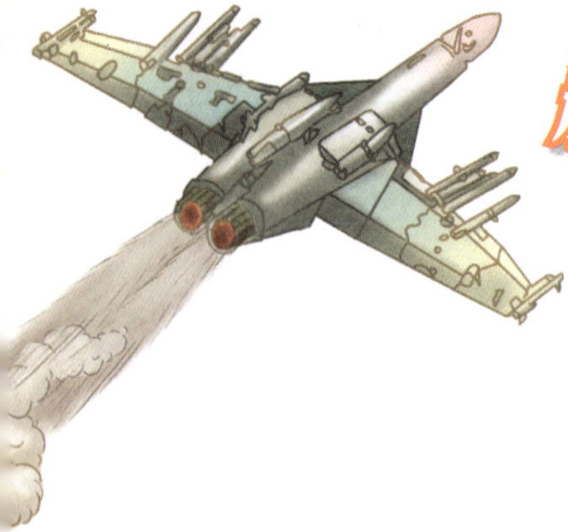

航空母舰上的战斗机是怎样起飞的？

战斗机在机场起飞时需要350米以上的跑道，但最大的航空母舰的甲板长度也只有342米，无法提供足够长的跑道让战斗机起飞。因此，航空母舰甲板上面的战斗机如果需要起飞执行任务，就需要采用弹射器来帮忙。战斗机起飞时，弹射器轨道上的滑块会把它高速地弹射出去。

想不到

在所有的飞机中，只有直升飞机不需要使用跑道，可以在停机坪上垂直升降。

为什么潜艇能在水里沉浮自如？

潜艇能在水里沉浮自如，秘密就在于潜艇内有很多水舱。这些水舱内装有进水阀和排水阀。如果想让潜艇上浮，就先关闭进水阀，打开排水阀，将水舱里的海水慢慢排放出去，潜艇就可以漂浮在海上了。如果要让潜艇下潜，就关闭排水阀，打开进水阀，让海水灌满水舱，潜艇的重量因些增加之后，就会渐渐下沉。

想不到

鱼雷是潜艇的传统武器，除了极少数的研究用潜艇和袖珍潜艇外，几乎所有潜艇都装备有鱼雷，用来自卫和攻击。

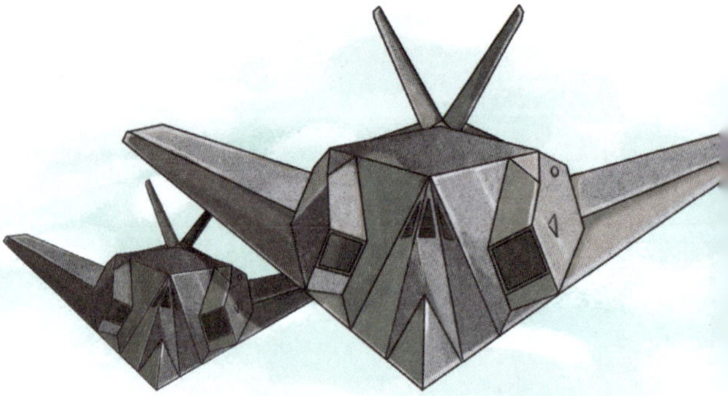

隐形飞机真的能隐形吗？

隐形飞机并不是真的隐形，而是雷达无法侦察到它的存在。隐形飞机的外形采用凹面，这样可以使散射的信号避开雷达的探测。为了保证隐形飞机的凹面能够发挥作用，大部分的隐形飞机都做成了稀奇古怪的形状。其次，隐形飞机采用非金属材料或雷达吸收波材料，能够吸收雷达波。这样，隐形飞机就能够巧妙地避开雷达等现代装置的探测了。

想不到

长波雷达是专门对付隐形飞机的雷达，它可以发射出长达几十米的电磁波，只要隐形飞机飞到它的监测范围内，长波雷达的电磁波就会感应到它，并逐步发现隐形飞机的身影。

坦克是怎么扫雷的？

“坦克那么笨重，扫雷的时候不怕伤害到自己吗？”奇奇在和爸爸一起看军事频道的节目。爸爸想了想，说：“扫雷坦克是一种具有特殊功能的坦克，它的前部安装着一个特制的扫雷装备，可以在雷场上进行排雷工作。坦克外面有一层厚厚的装甲，可以保护它不被爆炸所伤。”

想不到

扫雷坦克在扫雷时，会先向前方发射小型的炸药包，在雷场中开辟出一条道路，然后，再用扫雷装备排除那些没有爆炸的地雷。

坦克那么重，为什么能在水中行驶呢？

“瞧，那辆坦克竟然能下水呢！”佳佳惊讶地说。“它是水陆两栖坦克。它的密封性特别好，能利用特制的螺旋桨在水中前行。当它潜入水中之后，炮塔顶部的气筒会把氧气输送到坦克内部，保证驾驶员和炮手能呼吸到氧气。”军军得意地回答。

想不到

坦克的外部都有一层铠甲，这是一层在战斗中用于抵抗、减弱敌方的攻击力，保护坦克不受伤害的保护壳。

坦克没有窗户，坦克兵怎么看路呢？

坦克全身都披着一层厚厚的铠甲，连一扇窗户都没有留出来。那么，坐在里面的坦克兵是怎么看路的呢？原来，坦克的车体和炮塔上有许多的小窗口，小窗口上安装着潜望镜、主动红外夜视仪、微光夜视仪、被动红外夜视仪等，这些光学仪器就像一个个明亮的眼睛，使车里的人能看到外面的一切。

想不到

潜望镜和普通的地上望远镜结构相同，只是多加了两个反射镜。在水下航行的潜水艇也是利用潜望镜来观察水面上和周围的动静的。

原子弹爆炸后为什么会有蘑菇云？

原子弹爆炸之后，会产生几千万摄氏度的高温。高温空气在残留的爆炸力和空气浮力的推动下，迅速向高空升去，同时还会吸走地面上的沙土和灰尘。高温空气升空的时候，开始的形状是一团圆柱状的云柱，随后云柱逐渐向周围扩散，就会慢慢形成一团蘑菇状的烟云。

想不到

原子弹是有非常大杀伤力的武器。1945年8月6日，美国在日本广岛上空投下一个小小的原子弹，使这个二十余万人的城市转眼间变成了废墟。